Inhalt

Budgetierung - Das Thema Budgetierung ist für viele immer noch einer der Schwachpunkte im Controlling

Kernthesen

Beitrag

Fallbeispiele

Weiterführende Literatur

Impressum

GENIOS WirtschaftsWissen Nr. 03/2008 vom 06.03.2008

Budgetierung - Das Thema Budgetierung ist für viele immer noch einer der Schwachpunkte im Controlling

M. Westphal

Kernthesen

- Das Thema Budgetierung ist für das Controlling immer noch eine der wichtigsten Aufgaben.
- Trotzdem das Thema Budgetierung nun wirklich kein neues Thema ist, herrscht große Unzufriedenheit über die Qualität der

Budgetierung.
- Unternehmenspraxis wie auch Wissenschaft haben zahlreiche neue Ansätze zur Verbesserung des Budgetierungsprozesses hervorgebracht, von denen aber bisher keiner die Probleme behebt.

Beitrag

Trotz seiner immensen Bedeutung für das Unternehmen ist der Budgetierungsprozess immer noch nicht zufriedenstellend organisiert. Es gibt viele Kritikpunkte, die auch von innovativen Ansätzen bisher nicht ausreichend adressiert werden.

Die Budgetierung ist für Unternehmen sehr wichtig, allerdings funktioniert der Prozess nur unzureichend

Die zukunftsgerichtete Planung der Budgetierung hat für das Performance Management eine sehr große Bedeutung.
Allerdings ist gerade der Bereich der Budgetierung noch verbesserungswürdig. So besteht eine große

Unzufriedenheit über die häufig lange Dauer des Budgetprozesses. Es vergehen durchschnittlich sechs Monate bis Budgets abschließend vereinbart und auf Gruppenebene konsolidiert werden. Besonders zeitaufwendig sind vor allem die vielen Iterationsphasen während der Budgeterstellung. Daher steht der Budgetprozess als solches derzeit zur Diskussion, und es wird erwogen, ihn durch häufigere Forecasts und damit verbundener Festlegung strategischer Ziele abzulösen.
Bis heute werden aber die traditionellen Budgetprozesse noch von nahezu allen Unternehmen genutzt. Nur ein sehr kleiner Anteil verfolgt innovative Ansätze wie Beyond Budgeting. (2)
Für den Hauptprozess des Unternehmens, nämlich die Planung und insbesondere Budgetierung wird in Fachkreisen zunehmend diskutiert, ob die damit verfolgte Motivations-, Koordinations- wie auch Prognosefunktion erfolgreich wahrgenommen werden kann. (7)
Unternehmer erwarten sich von systematisch geplantem Vorgehen gegenüber Improvisation zum Beispiel die Vermeidung von Fehlentscheidungen. Außerdem werden durch die Koordination und Zielorientierung die Erfolgsaussichten verbessert. Eine vernünftige Planung entwickelt auch Handlungsalternativen, die im Rahmen der Planung auch bewertet werden. (7)
Die Budgetplanungsaussagen werden auch für die

externe Kommunikation genutzt. Negative wie auch positive Abweichungen der Ist-Zahlen führen jeweils zu teilweise signifikanten Kursveränderungen, wobei es meistens Kurseinbrüche sind. (6)

Die Kritik am Budgetierungsprozess zieht sich durch alle Unternehmen

Für die kurzfristige Steuerung von Unternehmen ist die operative Planung bzw. Budgetierung eines der wichtigsten Instrumente. Aber trotz ihrer schon lange währenden Bedeutung und der Tatsache, dass es eine klassische Controlling-Tätigkeit ist, leidet sie immer noch an vielen Unzulänglichkeiten.
Wesentliche Kritikpunkte sind
- die zu lange Planungsdauer
- Abstimmungsschwierigkeiten
- Bereichsegoismen
- Plan-/Ist-Abweichungen im bis zu zweistelligen Prozentbereich.
(6)
Auch in Dax30-Großkonzernen ist das Bild ähnlich, so dass schon die Frage aufgeworfen wird, ob überhaupt jemand seine Planung trifft. Die inzwischen vielfältigen Erfahrungen und auch die

alternativen Konzepte wie Beyond Budgeting können bisher nichts Grundlegendes an diesem Zustand ändern. (6)

Aber auch in Zukunft ist nicht mit einer sich verringernden Bedeutung der Budgetierung zu rechnen, weshalb es lohnt, sich auch weiterhin intensiv mit diesem Thema zu beschäftigen, um Verbesserungen zu erreichen. (7)

Es gibt vielfältige Gründe für die Kritik an den Ergebnissen des Budgetierungsprozesses

Grund für die Probleme im Budgetierungsprozess sind häufig sich widersprechende Zielsetzungen der am Prozess Beteiligten. So werden Mitarbeiter, die durch eine an die Budgeterreichung bzw. Übererfüllung gekoppelte Entlohnung partizipieren, aufgrund Ihrer persönlicher Interessen versuchen, keine realistischen Planwerte zu vereinbaren. Damit wird auch die Koordination der Geschäftseinheiten im Hinblick auf eine optimale gesamtunternehmerische Mittelallokation konterkariert durch die individuellen Ziele der Mitarbeiter in den dezentralen Einheiten.

Der Spagat besteht in der Generierung verlässlicher

Vorhersagen in Form von monetären Budgets auf der einen Seite und dem Ziel der Motivation der Mitarbeiter mittels Budgets wie auch der Koordination der einzelnen Geschäftseinheiten. (6)
Ziele der Budgetplanung liegen in
- der Koordination aller Tätigkeiten im Unternehmen mit dem Ziel einer koordinierenden Gesamtplanung und Finanzmittelallokation
- treffsicherer Prognose der kurzfristigen operativen Entwicklung des Unternehmens
- Motivation der Mitarbeiter zur Steuerung der individuellen Interessen im Hinblick auf die Generierung eines gesamtunternehmerischen Ziels. (6)
Die meisten Unternehmen nutzen ein so genanntes Gegenstromverfahren in der Erstellung ihrer Budgets. Die Unternehmensspitze erstellt Vorgaben, die dann in die einzelnen Geschäftseinheiten kaskadiert werden. Die zentralen Vorgaben sind häufig nur unter Schwierigkeiten zu erreichen. Dieses Phänomen wird als Anspannungsgrad bezeichnet. Daraufhin werden die zentralen Vorgaben in dezentralen Planungen abgeglichen und dann abschließend in Budgetrunden unternehmensweit abgestimmt und vereinbart. (6)

Auch international unterscheiden

sich die Ansätze des Budgetierungsprozesses

In Ländern mit einer hohen Machtdistanz und damit tendenziell mehr Hierarchieebenen ist davon auszugehen, dass eine Partizipation der untergeordneten Ebenen an Entscheidungen und damit auch am Budgetprozess, als Zeichen schwacher Führung gewertet wird. In Deutschland, als einem Land mit einer niedrigen Machtdistanz, ist dagegen von einer stärkeren Beteiligung der Mitarbeiter am Planungs- und Kontrollprozess auszugehen. Deshalb herrscht in Deutschland im Rahmen des Budgetierungsprozesses auch ein Bottomup-Prozess vor, wohingegen in Frankreich eher der Topdown-Ansatz dominiert. (5)

Fallbeispiele

Die Hansgrohe AG als global aufgestelltes Unternehmen steuert das Unternehmen anhand von Zielen. Der geltende dreijährige Business-Plan wird jeweils von einem internationalen und funktional sehr heterogenen Team erstellt. Basis sind die ethischen Werte der Hansgrohe AG. Im Rahmen einer Informationskaskade wird der Bericht bis auf den einzelnen Mitarbeiter heruntergebrochen. Als Steuerungsinstrumente gibt es zum einen das klassische kontinuierliche Reporting. Daneben gibt es aber die aus Sicht des Unternehmens viel wichtigeren Quarterly Operations Reviews. In diesen werden nicht nur die rein monetären Kennzahlen betrachtet, sondern vorrangig auch qualitative Werte. (3)

Auch für den staatlichen Haushalt müssen funktionierende Budgetregeln aufgestellt werden, um ein Funktionieren des Staates zu gewährleisten. Die grundlegenden Bestimmungen für das Haushaltsrecht sind in der Verfassung festgeschrieben. So bedarf es breiter Mehrheiten, um wesentliche Änderungen herbeizuführen.
Der österreichische Staat hat für das Jahr 2008 ein Bundesbudget aufgestellt, welches 147 Milliarden Euro umfasst.
Jahrelange Bemühungen um eine Haushaltsreform sind inzwischen erfolgreich abgeschlossen und einstimmig im Parlament verabschiedet worden. So wird sich Österreich bei der Neuordnung seiner öffentlichen Finanzen zum Vorreiter in Europa entwickeln. Die geplanten Novellen sind so weitgehend, dass die Reform zeitlich in zwei getrennten Etappen durchgeführt wird.
Bereits im Jahre 2009 werden jeweils rollierend für die

folgenden vier Jahre Ausgabenobergrenzen definiert, um die Budgetdisziplin zu erhöhen. Als Gegenzug erhalten die Ministerien allerdings deutlich mehr Bewegungsspielraum für die Mittelverwendung innerhalb der gesetzten Budgetgrenzen. So gibt es mehr Flexibilität für die Nutzung des Budgets, da es nicht nur für die geplanten Positionen verwandt werden muss. Wesentlicher Unterschied ist darüber hinaus, dass nicht verbrauchte Mittel nicht mehr noch im Dezember schnell für Maßnahmen verwandt werden müssen, sondern dass diese unverbrauchten Budgets erhalten bleiben. So wird eine deutlich effektivere Mittelverwendung sichergestellt.
In einem zweiten Schritt folgen im Jahre 2013 dann auch Beschlüsse, die festlegen, welche Wirkungen und Leistungen mit dem Budget erzielt werden müssen. So soll eine deutlich mehr kundenorientierte Ausrichtung des Budgets erreicht werden.
Darüber hinaus wird auch das komplette Rechnungswesen umgestellt. So wird das öffentliche Rechnungswesen um eine Ergebnisrechnung und Bilanz erweitert, um einen besseren Überblick über Vermögen und Schulden zu erlangen. (1)

Weiterführende Literatur

(1) Ein Mittel gegen das "Dezemberfieber"
aus Die Presse vom 2008-01-22, Seite: 10

(2) Qualitätskriterien und Trends bei Konsolidierung, Reporting und Planung
aus FINANZ BETRIEB, Heft 12 vom 10.12.2007, Seite 723 - 732

(3) Gänßlen, Sigfried / Horváth, Péter, Controlling bei der Hansgrohe AG, Controlling, Heft 1/2008, S. 41-43
aus FINANZ BETRIEB, Heft 12 vom 10.12.2007, Seite 723 - 732

(4) Gajo, Marianne, Controlling als Erfolgsfaktor im Mittelstand, GmbH-Rundschau 2/2008, S. R29-R30
aus FINANZ BETRIEB, Heft 12 vom 10.12.2007, Seite 723 - 732

(5) Hoffjan, Andreas / Boucoiran, Kulturelle Aspekte im internationalen Controlling Beispiel Frankreich, Controlling, Heft 2/2008, S. 65 71
aus FINANZ BETRIEB, Heft 12 vom 10.12.2007, Seite 723 - 732

(6) Nevries, Pascal / Christoph, Ines; Strauß, Erik, Herausforderungen der operativen Planung, Controlling, Heft 2/2008, S. 73 79
aus FINANZ BETRIEB, Heft 12 vom 10.12.2007, Seite 723 - 732

(7) Gleißner, Werner, Erwartungstreue Planung und Planungssicherheit, Controlling, Heft 2/2008, S. 81 - 87
aus FINANZ BETRIEB, Heft 12 vom 10.12.2007, Seite 723 - 732

Impressum

Budgetierung - Das Thema Budgetierung ist für viele immer noch einer der Schwachpunkte im Controlling

Bibliografische Information der deutschen Nationalbibliothek

Die Deutsche Nationalbibliothek verzeichnet diese Publikation in der deutschen Nationalbibliografie; detaillierte bibliografische Daten sind im Internet über http://dnb.d-nb.de abrufbar.

ISBN: 978-3-7379-0055-3

© 2015 GBI-Genios Deutsche Wirtschaftsdatenbank GmbH, Freischützstraße 96, 81927 München, www.genios.de

Alle Rechte vorbehalten. Dieses Werk ist einschließlich aller seiner Teile – z.B. Texte, Tabellen und Grafiken - urheberrechtlich geschützt. Jede Verwertung außerhalb der Grenzen des Urheberrechtsgesetzes bedarf der vorherigen Zustimmung des Verlags. Dies gilt insbesondere auch für auszugsweise Nachdrucke, fotomechanische Vervielfältigungen (Fotokopie/Mikroskopie), Übersetzungen, Auswertungen durch Datenbanken oder ähnliche Einrichtungen und die Einspeicherung und Verarbeitung in elektronischen Systemen.